BEI GRIN MACHT SICH IHR WISSEN BEZAHLT

- Wir veröffentlichen Ihre Hausarbeit,
  Bachelor- und Masterarbeit

- Ihr eigenes eBook und Buch -
  weltweit in allen wichtigen Shops

- Verdienen Sie an jedem Verkauf

Jetzt bei www.GRIN.com hochladen
und kostenlos publizieren

Sabine Picout

Ausschluss eines Gesellschafters, Auflösung, vorzeitiger Austritt sowie Kündigung eines Gesellschafters (§§1210-1212 ABGB)

GRIN Verlag

Bibliografische Information der Deutschen Nationalbibliothek:

Die Deutsche Bibliothek verzeichnet diese Publikation in der Deutschen National-
bibliografie; detaillierte bibliografische Daten sind im Internet über http://dnb.d-
nb.de/ abrufbar.

Impressum:

Copyright © 2005 GRIN Verlag GmbH
Druck und Bindung: Books on Demand GmbH, Norderstedt Germany
ISBN: 978-3-656-13024-6

Dieses Buch bei GRIN:

http://www.grin.com/de/e-book/188967/ausschluss-eines-gesellschafters-aufloesung-
vorzeitiger-austritt-sowie

GRIN - Your knowledge has value

Der GRIN Verlag publiziert seit 1998 wissenschaftliche Arbeiten von Studenten, Hochschullehrern und anderen Akademikern als eBook und gedrucktes Buch. Die Verlagswebsite www.grin.com ist die ideale Plattform zur Veröffentlichung von Hausarbeiten, Abschlussarbeiten, wissenschaftlichen Aufsätzen, Dissertationen und Fachbüchern.

Besuchen Sie uns im Internet:

http://www.grin.com/

http://www.facebook.com/grincom

http://www.twitter.com/grin_com

Ausschluss eines Gesellschafters, Auflösung, vorzeitiger Austritt sowie Kündigung eines Gesellschafters (§§1210-1212 ABGB)

Die Beendigung der GesbR ist in den §§ 1205 bis 1215 geregelt:

(A) automatische Auflösung der Gesellschaft
§ 1205 behandelt 4 Fälle automatischer (ipso iure) **Auflösung** der Gesellschaft. Weder eine auf Beendigung gerichtete Willenserklärung, noch eine rechtsgestaltende gerichtliche Entscheidung ist nötig.

Die Gesellschaft gilt als aufgelöst,
- wenn „das unternommene Geschäft vollendet", der begrenzte Gesellschaftszweck erreicht ist. Der Gesellschaftsvertrag kann keine Grundlage für die Weiterführung der GesbR mehr sein. (Dieser Auflösungsgrund wird nur bei Gelegenheitsgesellschaften verwirklicht, da diese nur auf die Durchführung bestimmter Geschäfte gerichtet sind.) (Bsp. Bau ARGE)
- wenn das unternommene Geschäft nicht mehr fortzuführen ist, d.h. wenn die Erreichung des gemeinsamen Zwecks aufgrund besonderer Umstände unmöglich geworden ist (sowohl bei Gelegenheits- als auch bei Dauergesellschaften verwirklicht). Die Unmöglichkeit muss dauernd und als solche offenkundig sein und nicht bloß vorübergehend.

- Auch der gänzliche Verlust des Hauptstammes stellt einen Auflösungstatbestand dar. Dabei ist entscheidend, ob ein völliger Verlust des Betriebskapitals, ohne das eine Weiterführung der Gesellschaft nicht möglich ist, vorliegt. (eigentlich ein Unterfall der Zweckvereitelung)

- Die zeitlich befristete GesbR wird durch Fristenablauf automatisch beendet.

Die Aufzählung der Auflösungstatbestände in § 1205 ist nicht abschließend. Andere Möglichkeiten: Vereinbarung einer auflösenden Bedingung (deren Eintritt beendet GesbR), einvernehmliche Beendigung (Aufhebungsvertrag) (schlüssig/stillschweigend ohne bestimmte Form)

Normalerweise bewirkt der Tod eines Gesellschafters nur das Ausscheiden des betreffenden, nicht die Auflösung der GesbR. (aus § 1207 S2. ergibt sich die Vermutung des Fortsetzungswillens). Hing vom verstorbenen Gesellschafter der Geschäftsbetrieb wesentlich ab, normiert § 1211 auch für die übrigen Gesellschafter ein Auflösungsrecht.

Bei der Zweimanngesellschaft bewirkt jedoch der Tod des Gesellschafters die automatische Auflösung der GesbR und nicht das bloße Ausscheiden des Gesellschafters.

(B) Ausschluss eines Gesellschafters: § 1210 ABGB
d.h. Beendigung der Mitgliedschaft eines Gesellschafters bei gleichzeitigem Weiterbestand der GesbR unter den übrigen Gesellschaftern. § 1210 gilt für jede Art von Gesellschaft. Auch bei der Zweimanngesellschaft ist der Ausschluss möglich, jedoch regelmäßig mit der Wirkung der Auflösung der Gesellschaft verknüpft. (begrifflicher Unterschied bei der Zweimanngesellschaft, da Ausschluss nicht möglich ist, sondern nur eine Auflösung)
§ 1210 behandelt jedoch nur den Ausschluss eines Gesellschafters durch die übrigen Mitglieder bei Vorliegen eines wichtigen Grundes.
Zwar ist nach dem Gesetzeswortlaut („Vor Ablauf der Zeit") eigentlich nur eine Ausschlussmöglichkeit bei **befristeten** Rechtsverhältnissen vorgesehen, doch wäre eine derartige einschränkende Auslegung mit dem Regelungszweck unvereinbar. Deshalb wird die Ausschlussmöglichkeit auch bei unbefristeten Gesellschafts- bzw. Gesellschafterverhältnissen angenommen.

Gründe:
Die Frage nach dem Charakter der Aufzählung in § 1210 ABGB (ob taxativ oder demonstrativ) ist nicht vollständig geklärt.
Da der erste Ausschlussgrund („wesentliche Bedingungen des Vertrages nicht erfüllt") sehr weit gefasst ist, stellt sich dieses Problem als geringer dar.

Einzelne Ausschlussgründe:
aa) Nichterfüllung wesentlicher Vertragsbedingungen:
der erste und wichtigste Ausschlussgrund
Dem ist auch die Nichterfüllung wesentlicher gesetzlicher Bestimmungen gleichgestellt. Auf Verschulden kommt es hier nicht an. Voraussetzung ist, dass die Fortsetzung der GesBR mit dem betroffenen Gesellschafter den übrigen zum offenbaren Nachteil gereichen würde oder sogar einen Verzicht auf die Erreichung des Gesellschaftszweckes und die Gefahr vorzeitiger Auflösung der Gesellschaft gegen den Willen der Mitgesellschafter bedeuten könnte.
Der Ausschluss ist ultima ratio, das letzte einzusetzende Mittel, um die der Gesellschaft drohende Gefahr zu beseitigen.

bb) Gesellschafterkonkurs:
Wird über einen Gesellschafter der Konkurs eröffnet, so sind die übrigen berechtigt den Betreffenden auszuschließen. (auch bei bloßen Arbeitsgesellschaftern). Die Eröffnung des Ausgleichs stellt noch keinen Ausschlussgrund dar. Ist jedoch damit auch noch eine Nichterfüllung wesentlicher Vertragsbedingungen verbunden oder tritt eine besondere Vertrauensunwürdigkeit auf, dann ist dies anders zu beurteilen.

cc) Sachwalterbestellung:

Der Ausschlussgrund der „Entmündigung" ist durch das Sachwaltergesetz aufgehoben worden. Ob und inwieweit Sachwalterbestellung einen Ausschlussgrund darstellt, ist jedoch im Einzelfall zu beurteilen. Zu prüfen ist, ob ein den im Gesetz aufgezählten Gründen gleichwertiger wichtiger Grund vorliegt.

dd) Vertrauensverlust:

Der Vertrauensverlust infolge gerichtlich strafbarer Handlung, die nur vorsätzlich begangen werden kann und mit mehr als einjähriger Freiheitsstrafe bedroht ist, stellt auch einen Ausschlussgrund dar. Es muss jedoch nicht eine tatsächliche strafgerichtliche Verurteilung erfolgt sein.

ee) Nichterfüllung der Nachschusspflicht §1189

Wenn aufgrund veränderter Umstände ohne Nachschuss zum Hauptstamm die Erreichung des gesellschaftlichen Zwecks ernstlich gefährdet wäre, die Mehrheit die Erhöhung beschließt und die sich Weigernden nicht zum Austritt bereit sind, können diese auch ausgeschlossen werden.

ff) Sonstige Gründe:

Liegen in der Person des Gesellschafters sonstige Gründe vor, die die Fortsetzung des Gesellschaftsverhältnisses unzumutbar erscheinen lassen und in ihrem Gewicht denen in § 1210 und § 1189 gleichkommen, kann dieser Gesellschafter ebenso ausgeschlossen werden.
Dies ist die Konsequenz der Annahme einer bloß demonstrativen Aufzählung.

gg) Vertragliche Veränderungen:

Durch Vertrag können die Ausschlussgründe erweitert (z.B. bei Eröffnung eines Ausgleichsverfahrens über einen Gesellschafter) oder aber auch eingeschränkt werden.

Um einen Gesellschafter auszuschließen, muss ihm gegenüber eine Ausschlusserklärung, abgegeben werden kann. Klageweise Geltendmachung ist nicht notwendig. § 1213 ABGB
Damit diese Ausschlusserklärung wirksam ist, müssen formelle (Einstimmigkeit der übrigen Gesellschafter) und materielle (Ausschlussgründe) Voraussetzungen erfüllt sein. Mangels abweichender Vereinbarung im Gesellschaftsvertrag ist das Ausschlussrecht grundsätzlich von allen übrigen Gesellschaftern auszuüben. Es ist nicht erforderlich, dass die ausschließenden Gesellschafter über die Kapitalmehrheit verfügen, d.h. auch eine Minderheit kann die Mehrheit ausschließen.

Kommt ein einstimmiger Beschluss bei Vorliegen eines Auschlussgrundes nicht zustande, weil der betreffende Gesellschafter von den anderen unterstützt wird, so ist zu prüfen, ob nicht auch diese einen Ausschlussgrund verwirklichen.

(C)Vorzeitiger Austritt bzw. Auflösung:
In manchen Fällen kann mit dem Ausschluss kein Auslangen gefunden werden, weshalb die Literatur ein **allgemeines Recht zum vorzeitigen Austritt** bei vorliegend wichtigen Gründen annimmt. Darüber hinaus wird das Recht zur **vorzeitigen Auflösung** als ultima ratio gesehen, wenn mit Ausschluss oder Austritt keine angemessene Abhilfe geschafft werden kann. Genaueres zu vorzeitigem Austritt und Auflösung unter Punkt D und E, da diese in engem Zusammenhang stehen.

Kündigung allgemein:
Die Kündigung ist ein einseitiges Gestaltungsrecht, das durch einseitige, empfangsbedürftige Willenserklärung geltendgemacht wird, deren Inhalt die Beendigung des Rechtsverhältnisses ist.
Es muss keine besondere Form eingehalten werden, außer der Gesellschaftsvertrag sieht etwas anderes vor.
Wirksam wird die Kündigung erst, wenn alle materiellen Voraussetzungen vorliegen und sie allen übrigen Gesellschaftern zugegangen ist(konstitutive Wirkung). Klageweise Geltendmachung ist nicht notwendig. Die Kündigung darf an keine Bedingungen geknüpft werden und muss klar und bestimmt zum Ausdruck gebracht werden. Es ist unzulässig, die Kündigung nach ihrem Wirksamwerden einseitig zu widerrufen. Über die Wirksamkeit der Kündigung ist im Prozessweg zu entscheiden.

(D)Außerordentliche Kündigung § 1212
Die außerordentliche Kündigung ist keine gewöhnliche (befristete) Kündigung. Sie ist nur bei Vorliegen eines wichtigen Grundes zugelassen (**vorzeitige Auflösung** aus wichtigem Grund).
Laut h.L. kann der in § 1211 genannte Kündigungsgrund (Kündigung ist möglich, wenn jenes Mitglied ausgeschieden ist, von dem der Betrieb vorzüglich abhing) nicht der einzige sein, sondern ein außerordentliches Kündigungsrecht muss auch dann gegeben sein, wenn ein sonstiger Grund verwirklicht wird, der vergleichbar gewichtig ist. Als wichtige Gründe werden z.B. die im § 1210 genannten Ausschlussgründe gesehen. Dabei kommt es nicht auf das Verschulden an.

Der Gesetzeswortlaut „vor Verlauf der Zeit" lässt darauf schließen, dass eine **vorzeitige Auflösung** aus wichtigem Grund nur bei befristeten Gesellschaftsverträgen möglich ist. Dies wird durch die Hervorhebung der unbestimmten Dauer der Gesellschaft bei der Kündigung nach § 1212 noch verstärkt. Eine solche Beschränkung führt zu unerträglichen

Wertungswidersprüchen. Bei der Frage nach der Zulässigkeit einer Auflösung aus wichtigem Grund kann die Unterscheidung zwischen befristetem und unbefristetem Rechtsverhältnis keine sachliche Differenzierung abgeben. Deshalb besteht die **vorzeitige Auflösung** aus wichtigem Grund auch bei unbefristeten Gesellschaftsverträgen.

Es besteht jedoch keine Einigkeit darüber, ob § 1211 die Kündigung der Gesellschaft als solche („Auflösungskündigung") oder nur eine „Austrittskündigung" aus wichtigem Grund ermöglicht. Sowohl das der Gesamtregelung der GesbR zugrunde liegende Gesellschaftsmodell als auch die Systematik sprechen eher für eine Austrittskündigung als für eine Auflösungskündigung.

§ 1211 soll jenen Gesellschaftern zu Hilfe kommen, die bereit sind, alles zu unternehmen, um die GesbR weiterzuführen (trotz der drohenden Auflösung). Jene Gesellschafter, die nicht bereit sind, die GesbR weiterzuführen, sollen sich von ihr lösen können.

Die Möglichkeit der **Auflösungskündigung** aus wichtigem Grund ist jedoch nicht ganz auszuschließen, da sie als ultima ratio denkbar wäre z.B. wenn weder ein bestehendes Ausschlussrecht noch ein Austrittsrecht eine geeignete Lösung darstellt.

Die Kündigungserklärung muss Kündigungsgründe noch nicht enthalten d.h. sie können nachgebracht werden. Erfolgt die Kündigung ohne wichtigen Grund, ist sie rechtsunwirksam. Bei unbefristeten Gesellschaften kommt es im Allgemeinen jedoch zu einer Umdeutung in eine ordentliche Kündigung gem § 1212.

Wird nicht der zwingende Kern der **vorzeitigen Auflösung** aus wichtigem Grund betroffen, sind auch abweichende Regelungen möglich. Vertraglich kann auch eine Auflösungswirkung der außerordentlichen Kündigung festgelegt werden. Laut h.L. ist auch die Vereinbarung einer Austrittskündigung möglich.

(F)   Ordentliche Kündigung § 1212 (bei unbefristeten Gesellschaften)
Ein unbefristetes Gesellschaftsverhältnis liegt vor, wenn die Dauer weder ausdrücklich bestimmt worden ist, noch sich aus der Natur des Geschäfts ergibt.
§ 1212 ermöglicht den Gesellschaftern eine Kündigung, unabhängig vom Vorliegen wichtiger Gründe.
Es ist den Gesellschaftern gesetzlich erlaubt, den Vertrag nach Belieben („nach Willkür") jederzeit aufzukündigen, auch konkludent.
Die Kündigung nach § 1212 wird als ordentliche Austrittskündigung gesehen.
Im Gesetz sind ausdrücklich zwei Einschränkungen der ordentlichen Kündigung vorgesehen:
- die Kündigung darf nicht mit Arglist (à missbräuchliche Rechtsausübung!) und
- nicht zur Unzeit erfolgen. Die im § 830 zusätzlich enthaltene Schranke des Verbotes der Kündigung „zum Nachteil der übrigen", auf die in §

1212 ausdrücklich verwiesen wird, kann als Unterfall der Kündigung zur Unzeit angesehen werden.

Bezüglich der Wirkungen der rechtswidrigen Kündigung ist anzumerken, dass
- bei Arglist die Sanktion der Unwirksamkeit in Frage kommt;
- bei Kündigung zur Unzeit ebenfalls Unwirksamkeit in Frage kommt, jedoch wenn es um die Nichteinhaltung der generell zu fordernden angemessenen Kündigungsfrist geht, die Wirksamkeit mit Ablauf der angemessenen Frist vertreten wird.

§ 1212 ist dispositiv, d.h. es kann z.b. eine Auflösungswirkung der Kündigung im Vertrag vereinbart werde, auch ein fristloses Kündigungsrecht oder ein gänzlicher Ausschluss der ordentlichen Kündigung ist möglich.

§ 1215: Folgen der Auflösung:

(1) Kein (gesetzlich geregeltes) Liquidationsstadium zwischen Auflösung und Vollbeendigung. Auflösung bedeutet daher Vollbeendigung der Gesellschaftsverhältnisse.

(2) Schuldrechtliche Wirkungen: Wegfall der vertraglich eingeräumten Geschäftsführungs- und Vertretungsbefugnisse und Verwaltungsrechte; gesetzliche Mitwirkungsbefugnisse gelten weiter (Verweis auf § 1188). Beendigung aller gesellschaftsvertraglicher Beitrags- und Mitwirkungspflichten (außer: es wird nach dem Zweck eine Nachwirkung angenommen); keine Befreiung von der Rechnungslegungspflicht: kein Erlöschen der Verbindlichkeiten: Sachen, die quoad usum in Gesellschaft eingebracht wurden, unterliegen nicht der Aufteilung. Sie sind dem Gesellschafter zurückzustellen.

(3) Sachenrechtliche Wirkung: Gesellschafter werden ohne besonderen Übertragungsakt Miteigentümer an den bisher der Gesellschaft gehörenden Sachen im Verhältnis ihrer Kapitalanteile (problematisch, da die GesbR nach hA nicht als Träger von Vermögensrechten oder als Gesamthandschaft angesehen wird) Bei den Forderungen der aufgelösten Gesellschaft liegen vor- und nachher Gesamthandforderungen vor. Anders ist der Fall, wenn qua Gesamtrechtsnachfolge die Auflösung mit der Rechtsfolge verbunden ist, dass das ganze Gesellschaftsvermögen auf den einzigen verbleibenden Gesellschafter übergeht (z.B. Ausschluss des Gesellschafters aus Zweipersonengesellschaft)

(4) Teilung des Gesellschaftsvermögens (und Gewinns): nach Auflösung vorzunehmen. Der Teilung unterliegt das gesamte gemeinschaftliche Vermögen (auch quoad sortem eingebrachte Sachen) Solange Teilung nicht vorgenommen wurde, ist Rechtsgemeinschaft nicht beendet.

(5) Laut dem sinngemäß anzuwendenden § 841 sind nicht die Geschäftsführungsregeln maßgeblich, sondern das Einvernehmen der

Gesellschafter (d.h. es soll ein Teilungsvertrag geschlossen werden). Ist keine Einigung erzielbar, entscheidet das Los oder ein Schiedsmann

Teilungsklage:
Bei Nichteinigung kann jeder Gesellschafter Teilungsklage erheben. Zuerst ist Naturalteilung vorzunehmen, wenn dies unmöglich oder untunlich ist, dann Zivilteilung. Verteilung erfolgt nach dem Verhältnis der Gesellschafteranteile. Fehlt Vereinbarung, wird angenommen, dass Anteile gleich hoch sind. Teilungsklage führt zu einer gerichtlichen Rechtsgestaltung. Das Begehren muss keinen konkreten Teilungsvorschlag enthalten. Die Klage ist gegen alle Miteigentümer zu richten, die nicht als Kläger auftreten und eine einheitliche Streitpartei bilden.

Vertragliche Regelungen:
Vom Gesetz abweichende bzw ergänzende vertragliche Regelungen können immer getroffen werden. Anstelle einer Teilung kommt auch eine konkludente Vereinbarung in Betracht. Schlüssige Vereinbarungen stehen einer Teilungsklage entgegen.

Ausscheiden eines Gesellschafters:
Gesetzliche Regelungen sind praktisch nicht vorhanden. Vertragliche Gestaltung hat große Bedeutung.
(1) Abschichtung: Auszahlung des Wertes der Beteiligung in Geld. (Schätzung, die sich am wahren wirtschaftlichen Wert zu orientieren hat). Da die Gesellschaft fortgesetzt wird, ist der Unternehmenswert (Firmenwert, Geschäftswert, Geschäftsbestehenswert, good will) zu berücksichtigen. Abschichtung zum Buchwert kommt nur aufgrund einer besonderen Vereinbarung in Frage. Dem ausgeschlossenen Gesellschafter steht der Gewinnanteil und der Anteil an den im Zeitpunkt seines Ausscheidens schwebenden Geschäften zu.
(2) Gesellschaftsvermögen: bei Ausscheiden eines Gesellschafters bleibt das Vermögen bei den übrigen Gesellschaftern, d.h. deren Beteiligung erhöht sich verhältnismäßig. Manchmal gibt es im Gesellschaftsvertrag Klauseln, wonach der Gesellschaftsanteil eines verstorbenen Gesellschafters den überlebenden Gesellschaftern ohne weiteres zufallen soll, sodass die Erben keinen Anspruch auf Auszahlung des Anteils erhalten.

Regelung der Beendigung der GesbR : §§ 1205 bis 1215 ABGB

(A) Automatische Auflösung der Gesellschaft: § 1205 ABGB

4 Fälle automatischer (ipso iure) **Auflösung** der Gesellschaft (weder eine auf Beendigung gerichtete Willenserklärung noch eine rechtsgestaltende gerichtliche Entscheidung nötig).

Auflösungstatbestände:

- unternommenes Geschäft ist vollendet, der begrenzte Gesellschaftszweck erreicht (nur bei Gelegenheitsgesellschaften verwirklicht, da diese nur auf die Durchführung bestimmter Geschäfte gerichtet sind.) (Bsp. Bau ARGE)
- unternommenes Geschäft ist nicht mehr fortzuführen, d.h. Erreichung des gemeinsamen Zwecks ist aufgrund besonderer Umstände unmöglich geworden (sowohl bei Gelegenheits- als auch bei Dauergesellschaften). Unmöglichkeit muss dauernd und als solche offenkundig sein, nicht bloß vorübergehend.
- Gänzlicher Verlust des Hauptstammes: entscheidend, ob ein völliger Verlust des Betriebskapitals, ohne das eine Weiterführung der Gesellschaft nicht möglich ist, vorliegt à eigentlich ein Unterfall der Zweckvereitelung.
- durch Fristenablauf (bei zeitlich befristeter GesbR)

Aufzählung: nicht abschließend
Andere Möglichkeiten: Vereinbarung einer auflösenden Bedingung (deren Eintritt beendet GesbR), einvernehmliche Beendigung (Aufhebungsvertrag) (schlüssig/stillschweigend, ohne bestimmte Form)

Tod eines Gesellschafters: bewirkt Ausscheiden des betreffenden, nicht die Auflösung der GesbR (aus § 1207 S2. ergibt sich Vermutung des Fortsetzungswillens). Hing vom verstorbenen Gesellschafter der Geschäftsbetrieb wesentlich ab, dann Auflösungsrecht der übrigen Gesellschafter (§ 1211).
Bei Zweimanngesellschaft: Tod des Gesellschafters bewirkt automatische Auflösung der GesbR und nicht das bloße Ausscheiden des Gesellschafters.

(B) Ausschluss eines Gesellschafters: § 1210 ABGB

(=Beendigung der Mitgliedschaft eines Gesellschafters bei gleichzeitigem Weiterbestand der GesbR unter den übrigen Gesellschaftern); für jede Art von Gesellschaft; auch bei der Zweimanngesellschaft ist Ausschluss möglich, jedoch regelmäßig mit der Wirkung der Auflösung der Gesellschaft verknüpft (begrifflicher Unterschied: bei Zweimanngesellschaft, Ausschluss nicht möglich, sondern nur eine Auflösung)
§ 1210: behandelt Ausschluss eines Gesellschafters bei Vorliegen eines wichtigen Grundes.
Nach Gesetzeswortlaut („Vor Ablauf der Zeit") nur Ausschlussmöglichkeit bei **befristeten** Rechtsverhältnissen vorgesehen, doch derartige einschränkende Auslegung mit dem Regelungszweck unvereinbar. Deshalb bei unbefristeten Gesellschafts- bzw. Gesellschafterverhältnissen möglich.

Aufzählung in § 1210 ABGB (taxativ oder demonstrativ à nicht geklärt)
Erster Ausschlussgrund („wesentliche Bedingungen des Vertrages nicht erfüllt") sehr weit gefasst (d.h. Problem geringer).

Einzelne Ausschlussgründe:

- Nichterfüllung wesentlicher Vertragsbedingungen (erster und wichtigster Ausschlussgrund): Nichterfüllung wesentlicher gesetzlicher Bestimmungen ist dem gleichgestellt. Auf Verschulden kommt es hier nicht an. Voraussetzung: Fortsetzung der GesBR mit dem betroffenen Gesellschafter muss den übrigen zum offenbaren Nachteil gereichen oder sogar einen Verzicht auf die Erreichung des Gesellschaftszweckes und die Gefahr vorzeitiger Auflösung der Gesellschaft gegen den Willen der Mitgesellschafter bedeuten. Ausschluss ist ultima ratio, um die der Gesellschaft drohende Gefahr zu beseitigen.
- Gesellschafterkonkurs: Bei Konkurseröffnung sind die übrigen Gesellschafter berechtigt, den Betreffenden auszuschließen (auch bei bloßen Arbeitsgesellschaftern). Eröffnung des Ausgleichs stellt noch keinen

Ausschlussgrund dar, ist jedoch damit auch noch eine Nichterfüllung wesentlicher Vertragsbedingungen verbunden oder tritt eine besondere Vertrauensunwürdigkeit auf, dann ist dies anders zu beurteilen.

- Sachwalterbestellung: Ausschlussgrund der „Entmündigung" durch Sachwaltergesetz aufgehoben. Ob und inwieweit Sachwalterbestellung einen Ausschlussgrund darstellt, ist im Einzelfall zu beurteilen. (Liegt ein den im Gesetz aufgezählten Gründen gleichwertiger wichtiger Grund vor?)
- Vertrauensverlust: infolge gerichtlich strafbarer Handlung, die nur vorsätzlich begangen werden kann und mit mehr als einjähriger Freiheitsstrafe bedroht ist; es muss nicht eine tatsächliche strafgerichtliche Verurteilung erfolgt sein.
- Nichterfüllung der Nachschusspflicht (§1189): Wenn aufgrund veränderter Umstände ohne Nachschuss zum Hauptstamm die Erreichung des gesellschaftlichen Zwecks ernstlich gefährdet wäre, die Mehrheit die Erhöhung beschließt und die sich Weigernden nicht zum Austritt bereit sind, können diese auch ausgeschlossen werden.
- Sonstige Gründe: Liegen in der Person des Gesellschafters sonstige Gründe vor, die die Fortsetzung des Gesellschaftsverhältnisses unzumutbar erscheinen lassen und in ihrem Gewicht denen in § 1210 und § 1189 gleichkommen, kann dieser Gesellschafter ebenso ausgeschlossen werden à Konsequenz der Annahme einer bloß demonstrativen Aufzählung.

<u>Vertragliche Veränderungen:</u> Ausschlussgründe können erweitert (z.B. bei Eröffnung eines Ausgleichsverfahrens über einen Gesellschafter) oder auch eingeschränkt werden.

Auszuschließendem Gesellschafter gegenüber muss Ausschlusserklärung abgegeben werden. Klageweise Geltendmachung ist nicht notwendig (§ 1213 ABGB).
Wirksamkeit der Ausschlusserklärung: Erfüllung formeller (Einstimmigkeit der übrigen Gesellschafter) und materieller (Ausschlussgründe) Voraussetzungen. Ausschlussrecht grundsätzlich von allen übrigen Gesellschaftern auszuüben. Nicht erforderlich, dass ausschließende Gesellschafter über Kapitalmehrheit verfügen (d.h. auch Minderheit kann Mehrheit ausschließen). Kommt einstimmiger Beschluss bei Vorliegen eines Auschlussgrundes nicht zustande (z.B. Unterstützung des betreffenden Gesellschafters von den anderen) à zu prüfen, ob nicht auch diese Ausschlussgrund verwirklichen.

(C) Vorzeitiger Austritt bzw. Auflösung:
Manchmal kein Auslangen mit dem Ausschluss: Literatur hat **allgemeines Recht zum vorzeitigen Austritt** bei Vorliegen wichtiger Gründe angenommen. Recht zur **vorzeitigen Auflösung** als ultima ratio gesehen (wenn Ausschluss oder Austritt keine angemessene Abhilfe schaffen). Genaueres zu vorzeitigem Austritt und Auflösung unter Punkt D und E.

(D) Kündigung allgemein: § 1211f. ABGB
<u>Kündigung</u>: einseitiges Gestaltungsrecht, das durch einseitige, empfangsbedürftige Willenserklärung geltendgemacht wird, deren Inhalt die Beendigung des Rechtsverhältnisses ist.
Keine besondere Form einzuhalten; Wirksamkeit erst, wenn alle materiellen Voraussetzungen vorliegen und sie allen übrigen Gesellschaftern zugegangen ist (konstitutive Wirkung). Klageweise Geltendmachung nicht notwendig. Kündigung darf an keine Bedingungen geknüpft werden, muss klar und bestimmt zum Ausdruck gebracht werden. Unzulässig: Kündigung nach Wirksamwerden einseitig zu widerrufen. Über die Wirksamkeit ist im Prozessweg zu entscheiden.

<u>(1) Außerordentliche Kündigung: § 1211 ABGB</u>
= keine gewöhnliche (befristete) Kündigung; nur bei Vorliegen eines wichtigen Grundes zugelassen (**vorzeitige Auflösung** aus wichtigem Grund).
Der in § 1211 genannte Kündigungsgrund (Kündigung ist möglich, wenn jenes Mitglied ausgeschieden ist, von dem der Betrieb vorzüglich abhing) ist nicht der einzige, sondern ein außerordentliches Kündigungsrecht muss auch dann gegeben sein, wenn ein sonstiger Grund verwirklicht wird, der vergleichbar gewichtig ist. Wichtige Gründe: z.B. die in § 1210 genannten Ausschlussgründe; kommt nicht auf Verschulden an.

Gesetzeswortlaut „vor Verlauf der Zeit" lässt darauf schließen, dass **vorzeitige Auflösung** aus wichtigem Grund nur bei befristeten Gesellschaftsverträgen möglich ist (durch Hervorhebung der unbestimmten Dauer der Gesellschaft bei der Kündigung nach § 1212 noch verstärkt). Derartige Beschränkung führt zu unerträglichen Wertungswidersprüchen. Bei Frage nach der Zulässigkeit einer Auflösung aus wichtigem Grund kann Unterscheidung zwischen befristetem und unbefristetem Rechtsverhältnis keine sachliche Differenzierung abgeben. **Vorzeitige Auflösung** aus wichtigem Grund auch bei unbefristeten Gesellschaftsverträgen. Jedoch keine Einigkeit darüber, ob § 1211 die Kündigung der Gesellschaft als solche („Auflösungskündigung") oder nur eine „Austrittskündigung" aus wichtigem Grund ermöglicht. Das der Gesamtregelung der GesbR zugrunde liegende Gesellschaftsmodell und Systematik sprechen eher für Austrittskündigung als für Auflösungskündigung.

§ 1211 soll jenen Gesellschaftern zu Hilfe kommen, die bereit sind, alles zu unternehmen, um die GesbR (trotz drohender Auflösung) weiterzuführen. Jene Gesellschafter, die nicht bereit sind, die GesbR weiterzuführen, sollen sich von ihr lösen können.

Möglichkeit der **Auflösungskündigung** aus wichtigem Grund ist nicht ganz auszuschließen (als ultima ratio denkbar, z.b. wenn weder bestehendes Ausschlussrecht noch Austrittsrecht geeignete Lösung bringen).

Kündigungserklärung muss Kündigungsgründe noch nicht enthalten (Nachschiebung). Erfolgt Kündigung ohne wichtigen Grund, ist sie rechtsunwirksam (bei unbefristeten Gesellschaften: Umdeutung in ordentliche Kündigung gem § 1212).

Abweichende Regelungen sind betreffend des „nicht zwingenden" Kerns der **vorzeitigen Auflösung** aus wichtigem Grund möglich.

Vertraglich auch eine Festlegung einer Auflösungswirkung der außerordentlichen Kündigung möglich. Auch Vereinbarung einer Austrittskündigung möglich.

(2) Ordentliche Kündigung: § 1212 ABGB
Bei unbefristetem Gesellschaftsverhältnis (= wenn die Dauer weder ausdrücklich bestimmt worden ist noch sich aus der Natur des Geschäfts ergibt). § 1212 ermöglicht Gesellschaftern Kündigung, unabhängig vom Vorliegen wichtiger Gründe. Gesellschafter können den Vertrag nach Belieben („nach Willkür") jederzeit aufkündigen, auch konkludent. Kündigung nach § 1212 = ordentliche Austrittskündigung.

Zwei gesetzliche Einschränkungen der ordentlichen Kündigung:
- Kündigung nicht mit Arglist (à missbräuchliche Rechtsausübung!) und
- nicht zur Unzeit. Verbotes der Kündigung „zum Nachteil der übrigen" (§ 830) als Unterfall der Kündigung zur Unzeit angesehen

Wirkungen der rechtswidrigen Kündigung:
- bei Arglist: Unwirksamkeit
- bei Kündigung zur Unzeit ebenfalls Unwirksamkeit, jedoch bei Nichteinhaltung der generell zu fordernden angemessenen Kündigungsfrist à Wirksamkeit mit Ablauf der angemessenen Frist vertreten

§ 1212 = dispositiv: Vereinbarung einer Auflösungswirkung der Kündigung im Vertrag, fristloses Kündigungsrecht oder ein gänzlicher Ausschluss der ordentlichen Kündigung möglich

(E) Anhang:

(1) Folgen der Auflösung:
- Kein (gesetzlich geregeltes) Liquidationsstadium zwischen Auflösung und Vollbeendigung. Auflösung bedeutet daher Vollbeendigung der Gesellschaftsverhältnisse.
- Schuldrechtliche Wirkungen: Wegfall der vertraglich eingeräumten Geschäftsführungs- und Vertretungsbefugnisse und Verwaltungsrechte; gesetzliche Mitwirkungsbefugnisse gelten weiter (Verweis auf § 1188). Beendigung aller gesellschaftsvertraglicher Beitrags- und Mitwirkungspflichten (außer: es wird

nach dem Zweck eine Nachwirkung angenommen); keine Befreiung von der Rechnungslegungspflicht; kein Erlöschen der Verbindlichkeiten; Sachen, die quoad usum in Gesellschaft eingebracht wurden, unterliegen nicht der Aufteilung (à sind Gesellschaftern zurückzustellen).

- Sachenrechtliche Wirkung: Gesellschafter sind ohne besonderen Übertragungsakt Miteigentümer an den bisher der Gesellschaft gehörenden Sachen im Verhältnis ihrer Kapitalanteile (problematisch, da die GesbR nach hA nicht als Träger von Vermögensrechten oder als Gesamthandschaft angesehen wird). Bei Forderungen der aufgelösten Gesellschaft liegen vor- und nachher Gesamthandforderungen vor. Anders, wenn qua Gesamtrechtsnachfolge die Auflösung mit der Rechtsfolge verbunden ist, dass ganzes Gesellschaftsvermögen auf einzigen verbleibenden Gesellschafter übergeht (z.b. Ausschluss des Gesellschafters aus Zweipersonengesellschaft).
- Teilung des Gesellschaftsvermögens (und Gewinns): nach Auflösung vorzunehmen. Gesamtes gemeinschaftliches Vermögen unterliegt Teilung (auch quoad sortem eingebrachte Sachen). Solange Teilung nicht vorgenommen, ist Rechtsgemeinschaft nicht beendet.
- Laut § 841 sind nicht Geschäftsführungsregeln maßgeblich, sondern das Einvernehmen der Gesellschafter (d.h. Teilungsvertrag soll geschlossen werden). Keine Einigung erzielbar à Los oder Schiedsmann entscheiden

(2) Teilungsklage:
Bei Nichteinigung kann jeder Gesellschafter Teilungsklage erheben. Zuerst: Naturalteilung; bei Unmöglichkeit und Untunlichkeit Zivilteilung. Verteilung erfolgt nach Verhältnis der Gesellschafteranteile. Fehlt Vereinbarung, wird angenommen, dass Anteile gleich hoch sind. Teilungsklage führt zu gerichtlicher Rechtsgestaltung. Begehren muss keinen konkreten Teilungsvorschlag enthalten. Klage ist gegen alle Miteigentümer zu richten, die nicht als Kläger auftreten und eine einheitliche Streitpartei bilden.

Vertragliche Regelungen:
Vom Gesetz abweichende bzw. ergänzende vertragliche Regelungen können immer getroffen werden. Anstelle der Teilung auch konkludente Vereinbarung möglich. Schlüssige Vereinbarungen stehen einer Teilungsklage entgegen.

(3) Ausscheiden eines Gesellschafters:
Gesetzliche Regelungen selten; vertragliche Gestaltung große Bedeutung.

- Abschichtung: Auszahlung des Wertes der Beteiligung in Geld (Schätzung, die sich am wahren wirtschaftlichen Wert zu orientieren hat). Da Gesellschaft fortgesetzt wird, ist Unternehmenswert (Firmenwert, Geschäftswert, Geschäftsbestehenswert, good will) zu berücksichtigen. Abschichtung zum Buchwert: nur aufgrund einer besonderen Vereinbarung. Ausgeschlossenem Gesellschafter steht Gewinnanteil und Anteil an den im Zeitpunkt seines Ausscheidens schwebenden Geschäften zu.
- Gesellschaftsvermögen bleibt bei Ausscheiden eines Gesellschafters bei den übrigen, d.h. deren Beteiligung erhöht sich verhältnismäßig. Manchmal im Gesellschaftsvertrag Klauseln, wonach der Gesellschaftsanteil eines verstorbenen Gesellschafters den überlebenden Gesellschaftern ohne weiteres zufällt.

Literatur:
- *Schwimann*, Praxiskommentar zum ABGB² (1997)
- *Rummel*, Kommentar zum ABGB³ (2003)